# El Poder del Perdón

## Sanado Mas allá De Mis Heridas

Heidy Mejia

ISBN: 979-8-8690-8943-4

# DEDICATION

Primero que todo, quiero agradecer al Padre, al Hijo y al Espíritu Santo, porque nunca me han abandonado y son mi todo. Quiero expresar mi gratitud a mi esposo, Tony Mejía, por su apoyo y dedicación. Desde que lo conocí, ha sido una bendición en mi vida. También quiero agradecer a sus hijos, a quienes amo como si fueran míos, y han traído bendición a mi vida. Estoy más que agradecida con mis hijas, quienes han estado presentes en cada etapa mientras escribía parte de mi testimonio. Gracias por cada esfuerzo, apoyo y amor que siempre me han dado. Asimismo, quiero agradecer a Delmis Quiroz y a su esposa Agnelesse por su excelente trabajo y compromiso en cada portada de mis libros. Por último, pero no menos importante, agradezco a mis pastores por siempre tener una palabra de parte de Dios que nos anima a seguir adelante y por creer en la restauración. Agradezco también a mis suegros, hermanos, madre y a esas amistades que se convierten en familia y nos impulsan hacia nuestras metas.

**Para proteger la privacidad, los nombres de todas las personas mencionadas en mi testimonio han sido cambiados para evitar cualquier forma de reconocimiento.**

# CONTENTS

# Prologo

Al leer El Poder del Perdón, escrito por mi esposa, Heidy Mejia, se revela la profundidad de las heridas y cómo su amor por Dios creció y la ayudó a comprender la necesidad de sanar y perdonar. A menudo, erróneamente creemos que perdonar es únicamente para el beneficio de la persona que nos lastimó. Sin embargo, este libro enfatiza que el perdón es realmente para nuestro propio crecimiento y bienestar.

Este libro comparte una historia real de cómo Dios mostró a Heidy que sus heridas la estaban frenando en el progreso de su vida. Al dejar ir y avanzar, ella experimentó lo mejor que podía hacer por sí misma. Heidy no solo es una gran madre, esposa y amiga, sino también un ejemplo inspirador de crecimiento personal. Presenciar su viaje ha sido extraordinario. No tengo ninguna duda de que este libro, junto con su primer libro, Más Allá de Mis Heridas, te ayudará a darte cuenta de la importancia de romper las cadenas y experimentar un cambio transformador en ti mismo. Ambos libros me han impactado de innumerables maneras y oro para que tengan el mismo efecto profundo en ti.

Tony Mejia

# Perdonando a Mi Papa

Muchos de los que leyeron mi primer libro me han preguntado cómo logré perdonar a mi padre, entre otras preguntas. En este libro, les hablaré un poco sobre las experiencias vividas y cómo fue el proceso del perdón.

Perdonar no es un sentimiento, es una decisión que debemos tomar, es una actitud o acción que debemos poner en práctica. Esta decisión debe ser tomada con firmeza y determinación. Perdonar implica renunciar al odio y a los malos deseos hacia quienes nos lastimaron, y orar por ellos para que también puedan ser liberados y sanar.

Si seguimos enfocados en el dolor y en el daño causado, no podremos sanar ni ser libres. Si te enfocas en la herida y en el daño causado, seguirás sintiendo ese dolor y vivirás lleno de traumas y miedos que traen consecuencias dolorosas a tu vida. Pero si te enfocas en la lección aprendida, adquirirás experiencias y herramientas para no solo sanarte a ti mismo, sino también para ayudar a otros a sanar y convertirte en una bendición para miles de personas a través de tu historia y testimonio. Una persona herida lastima a los demás sin darse cuenta; una persona sana y restaurada puede ayudar a otros a salir de ese lugar de dolor y desesperanza. Perdonar no necesariamente implica exponernos nuevamente a las mismas situaciones o personas que nos llevaron a experiencias difíciles llenas de dolor.

Durante años, me mentí a mí misma para ocultar el dolor, la vergüenza, el odio y muchos sentimientos contradictorios a raíz de tantos abusos. Amaba a mi papá, pero al mismo tiempo sentía un poco de resentimiento hacia él. No solo por el abuso, sino también por el hecho de que mi padre no estuviera presente. Cuando sacaba buenas notas, me graduaba de la escuela o solo en mi cumpleaños, no había ni una llamada telefónica; él solo me buscaba cuando era conveniente y siempre abusaba.

No podía comprender cómo alguien que se suponía que debía proteger, guiar, amar y cuidar a una niña fue el principal causante de tanto dolor, tantas heridas y miedos, y al mismo tiempo, esa misma persona abriría puertas en lo espiritual que llevarían a historias similares a repetirse en mi vida. Perdonar no fue fácil, durante mucho tiempo creí haber perdonado a mi papá porque no le deseaba el mal y pensaba que eso era suficiente. La sanación completa en mi vida comenzó cuando escribí parte de mi testimonio en mi primer libro.

Escribí ese libro muchas veces y lo borraba. Primero escribí todo lo que había vivido y poco a poco el Espíritu Santo me llevaba a revivir el dolor. En el proceso, lloré mucho, tuve que hacer varios ayunos y mantenerme en oración. Mientras escribía, iba siendo confrontada con la realidad de que no había sanado ni perdonado completamente. Tuve que eliminar más de la mitad del primer libro, ya que el Espíritu Santo me hizo sentir que el propósito era restaurar y no dañar el testimonio de personas que me habían marcado y abusado, aparte de mi papá, fue algo que no quería hacer. El propósito siempre ha sido y sigue siendo glorificar a Dios y hablar sobre el perdón y la restauración.

En el proceso de perdonar correctamente, no solo con palabras, tuve una visión en la cual estaba en una iglesia, orando y buscando la presencia de Dios. Podía sentirla, pero sabía que había mucho más que tener una experiencia o ser tocado por Dios durante un servicio. No quería conformarme con una vida en Dios a medias. En la visión, oraba y pedía a Dios que quitara todo lo que estorbaba. Siempre me venía a la mente mi papá y mientras oraba, solía decirle: "Toca todo, cambia todo en mí, pero no en esa área de mi papá. Solo bórrala por completo de mi memoria, quiero despertar un día como si nunca hubiera sucedido, que no esté en mi memoria nunca más". Le decía a Dios que ya lo había perdonado, pero no quería recordar ni hablar de eso. Durante años, lo pedí en oración.

En esa misma visión, me senté en el banco de la iglesia y miré hacia el altar, donde vi a mi padre. Mi cuerpo se paralizó y comencé a llorar, preguntando: "¿Qué hace él aquí después de todo el mal que ha hecho a tanta gente?" Vi cómo alguien oraba por él, pero también pude ver los demonios que lo ataban y poseían desde mi infancia. Ellos me miraban y se burlaban de mí. En ese momento, mi papá huyó de la iglesia también poseído y me miraba de manera intimidante.

En ese momento, sentí miedo y un profundo dolor. A mi lado se sentó un hombre alto con ropa brillante, no podía ver su rostro, pero su presencia me abrazaba y me daba paz. Él puso su mano sobre las mías y me dijo: "Debes perdonar, sé que duele, pero entrégame eso, déjame actuar a mi manera, no a la tuya". Caí de rodillas y entregué todo, le dije: "No quiero seguir así. Ve al fondo, enséñame cómo perdonar y olvidar, cómo amar como tu hijo Jesús".

Desde ese día, deseaba hablar con mi papá, pero no sabía cómo. Dios usó a mis pastores para guiarme y aconsejarme sobre cómo renunciar espiritualmente a las cosas que me ataban. Así que comencé a trabajar en áreas de mi vida y a rendirlas ante Dios, haciendo los cambios necesarios.
Pasó alrededor de un año y volví a escribir mi libro. Ya estaba casi terminado, listo para el proceso de revisión y la impresión. Había superado esa etapa dolorosa en la que sentí que caí en depresión y mi cuerpo experimentaba tanto dolor mientras escribía y revivía esos momentos.

# El Poder del Perdon

Un día estaba en mi carro junto a mis hijas, esperando para entrar a una cita médica. Era muy temprano en la madrugada y cerré mis ojos. Estaba meditando y orando cuando de repente escuché una voz fuerte, pero a la vez apacible. Esa voz me dijo: "Heidy, ¿perdonaste a tu papá?" Yo respondí diciendo: "Sí, lo perdoné." La voz me preguntó: "¿Estás segura de que lo perdonaste?" Le respondí: "Sí, estoy segura". Entonces, esa voz con autoridad me dijo: "Entonces, ¿por qué no oras por él? ¿Por qué sientes miedo de hablar con él y expresar lo que has sentido durante años, decirle que lo perdonas y lo amas, y desear que se arrepienta y sea libre?" Le dije: "¿Y si él no cambia y causa aún más dolor en mí?" La voz me dijo: "El perdón libera, sana y restaura. Rompe cadenas y te hace libre a ti misma, y te acerca más a mí". Respondí diciendo: "Entonces, dame las fuerzas y pon las palabras en mi boca".
Quedé muy conmovida y las lágrimas brotaban. Pedí perdón a Dios porque durante tantos años me había engañado a mí misma guardando este dolor y falta de perdón.

De repente, mi teléfono suena; era mi papá. Mi primera reacción fue rechazar la llamada. Pero rápidamente reflexioné sobre la experiencia que acababa de tener. También le pedí fuerzas a Dios y lo llamé de vuelta.

Él respondió; nos saludamos y él comenzó a hablarme, y entendí que aún no había cambiado ni se arrepentía. Hizo comentarios sobre mi apariencia física, ya que había visto fotos mías y de mis hijas a través de un familiar. Luego me pide que le envíe fotos de una de mis hijas, la que más se parece a mí, ya que ella le recordaba mucho a cuando yo era pequeña. Por supuesto, le dije que no podía enviarle fotos porque no me sentía cómoda con eso.

Mi corazón quería salirse de mi pecho y decirle tantas cosas, pero entendía que tenía que mostrar el amor y la misericordia de Dios en mí y, sobre todo, perdonar. Pude contenerme y comencé a hablarle de Dios...

Le dije: Necesito que me escuches.
No sabes lo que ha sido de mi vida a causa del daño que me causaste al abusar de mí y al haber tenido que presenciar cómo abusaste de mis amigas y hermanastras.

A una edad muy temprana caí en el vicio de las drogas y me volví adicta, alcohólica. He luchado contra la depresión y muchas veces intenté quitarme la vida. No he logrado amar a un hombre y durante años no pude amarme a mí misma. No tuve un padre que me abrazara cuando sentía miedo, tristeza o soledad. Cuando mis amigas hablaban de su primera experiencia sexual, batallaba en mi mente no poder hablar como ellas ya que tú me robaste mi inocencia. Toda ilusión de cada niña casarse de blanco y llegar al altar de mano de su padre tú me la robaste. Por años fui objeto y usada por personas que como tú me debieron proteger y nadie hizo nada para ayudarme. Nadie se sentó conmigo a decirme que yo era especial y tenía valor. Tu no estabas ahí, y los pocos recuerdos junto a ti han sido llenos de dolor, miedo y dudas. ¿Nunca entendí el porqué, porque si soy tu hija?

Por años luché con todo esto, no supe que tenía derecho sobre mi propio cuerpo y que nadie debía abusar de mi física, emociónal, verbal o sexualmente. Le hice saber cómo no solo el abuso de mi en mi niñez, sino que También personas que el conocía y me cuidaban de la misma iglesia y otros familiares de él abusaron de mí.

Le dije como en mi juventud fui drogada y abusada, sentía que era algo a lo que ya estaba destinada por su culpa. No pude tener una niñez normal, mi juventud fue difícil llena de odio y complejos. Por años no dormía bien ya que me levanta con pesadillas donde hombres me amaraban y violaban.

La respuesta de mi padre fue algo que nunca imaginé y ciertamente dolorosa. Me dijo: "Fue culpa de tu madre, ella no era suficiente para mí". En ningún momento me pidió perdón ni mostró empatía hacia mí. Aun así, continué la conversación con él.

De esta manera, perdoné a mi mamá. Durante años, me pregunté por qué ella nunca hizo nada, por qué a pesar de que los familiares sabían lo que estaba pasando, nadie hacía nada al respecto. Esto me llenó de mucho dolor, pero Dios sanó esa herida y pude perdonar y entender que ella también era víctima de él, al igual que yo.

# El Poder del Perdon

Le hablé del amor y la misericordia de Dios. Cómo Dios sanó mi corazón y me liberó de las adicciones. Dios me perdonó todos mis pecados sin que yo lo mereciera y que también yo lo perdonaba a él. Le dije que necesitaba ser libre, que abriera su corazón a Dios, quien puede romper todas las cadenas en su vida. Que le daría vida eterna y transformaría su vida. Que lo aceptara como su Salvador y se apartara del pecado, porque Dios quiere cambiar su vida y sanar todas sus heridas. Solo tiene que abrirle su corazón. Mi padre solo me respondió: "¡Wow! Nunca me habías dicho todo esto, espero que te vaya mejor en la vida y dile a mis nietas que las quiero conocer".

Al terminar la conversación, le dije que lo amaba a pesar de todo y que lo perdonaba por todo, y que, si él cambiaba algún día y lograba respetarme y verme como su hija, entonces podríamos mantener contacto. Pero que, sin importar su decisión, quería que supiera que siempre iba a orar por él y que lo amaba. Deseaba que él encontrara a Dios y fuera libre y salvo. Él respondió: "gracias" y cerró la llamada.

Al finalizar, comencé a llorar y a orar, pidiéndole a Dios que tuviera misericordia de mi padre y transformara su corazón. La conversación fue difícil pero necesaria, porque sentí cómo algo se rompió y experimenté paz. Me sentí libre.

Para aquellos que me han preguntado si aún me comunico con mi papá, no tengo comunicación directa con él, pero sí a través de familiares.

# Sanidad Soltando el Perdón

Perdonar a Alfredo (el joven que me drogó y abusó de mí junto a otros) fue algo que tomó más tiempo. No sabía cómo hacerlo ni qué pasos seguir, ya que no tenía manera de contactarlo. Oraba y pedía a Dios que me dirigiera y ayudara a sanar y perdonarlo.

Cada situación adversa o evento de dolor trae consigo consecuencias, marca nuestras vidas de una manera u otra. Muchas dejan desconfianza, traumas, miedos, trastornos emocionales, culpabilidad y la mayoría deja un gran vacío, entre otras cosas. Por ejemplo, el abuso de mi padre me marcó en el sentido de que no aprendí a amarme ni a darme valor. Viví con miedos y el temor al abandono por la ausencia de mi padre en mi vida y la de mis hermanos. La falta de un padre me llevó a caer en manos de personas equivocadas buscando llenar ese vacío y tratando de encontrar esa figura paterna.

Los traumas causados por el abuso de Alfredo me llevaron a consumir drogas para ocultar el dolor. Cuando Alfredo abusó de mí, ya era una joven y entendía más la gravedad de lo sucedido. Comenzó a crecer el odio en mí hacia los hombres, no podía confiar en nadie. Me volví fría e indiferente. Buscaba pelear y llegué incluso a autolesionarme porque sentía odio y asco hacia mí misma.

Me llené de complejos e inseguridades, no creía en mí y me resultaba difícil amarme a mí misma.

Ahora me enfrentaba a mi realidad. Debía perdonar y tratar estas áreas de mi vida, como el miedo a amar, confiar y comprometerme. Tenía que sanar áreas en mi vida, pero todo en mí sentía la necesidad de que él también fuera libre al perdonarlo. Mientras oraba un día, le pedía a Dios por Alfredo, le pedía que tocara su corazón sin importar dónde se encontrara y que se arrepintiera y apartara de todo pecado. No sabía cómo hacerlo, no tenía manera de comunicarme con él, pero necesitaba perdonar y cerrar ese capítulo en mi vida.

Sentí orar y decir estas palabras una y otra vez en voz alta. "Alfredo, te suelto el perdón, declaro libertad sobre tu vida en el nombre poderoso de Jesús y cancelo y cierro toda puerta. Me declaro libre de todo lo que me ha atado a ti a través de ese abuso". Repetía en voz alta mientras oraba: "Te perdono, sé libre". Mientras declaraba estas palabras, sentía una paz sobrenatural y difícil de explicar que llenaba mi vida. Sabía que era la presencia de Dios haciendo la obra y sanando esas heridas. Desde ese día, puedo hablar de lo que pasó con Alfredo sin sentir vergüenza, odio ni dolor. Puedo orar libremente por él para que sea bendecido y salvo.

# Liberación Atreves el Perdón

A pesar de que mi vida había mejorado considerablemente en todos los aspectos, todavía había algo que llevaba muy dentro de mí. Esto me dolía, me hacía llorar tan solo al recordarlo. Era un sentimiento muy intenso que estaba arraigado en mí. No podía entender cómo ni por qué alguien podía causar tanto dolor, tanto daño, no solo a mí sino también a mis hijas.

El abuso a manos de Diego fue uno que marco mi vida de una manera diferente. Lo que sufrí antes en mi niñez y juventud lo superé más fácil porque sabía no había sido mi culpa. Pero con Diego me sentía culpable, traicionada y responsable de lo que aun mis hijas vieron.

Yo fui quien lo acepté en mi vida y él se aprovechó no solo lastimándome a mí, sino que mis hijas fueron víctimas y tuvieron que ver los abusos físicos que yo sufrí a manos de este hombre. Eso fue algo que me resultó difícil perdonar, no solo a él, sino también perdonarme a mí misma por haber abierto esa puerta que nos llevó a situaciones dolorosas. Por eso es necesario sanar y cerrar capítulos, superar traumas para no repetir la misma historia una y otra vez. Cada vez que intentaba orar por él, no podía, solo empezaba a llorar y a hacerle preguntas a Dios, entre ellas, ¿por qué tanto sufrimiento? ¿por qué tanto abuso en mi vida? El dolor aún estaba ahí, así como la vergüenza y la culpabilidad.

Así pasó el tiempo y un día me senté con una de mis hijas a hablar sobre una situación que ella vivía debido a Diego y sobre cómo les afectó ver la violencia en contra de su madre. Ella me dijo: "Mami, vamos a orar y perdonarlo, para que, aunque esté en la cárcel pueda ser libre de sus pecados y cambie. Tú nos has enseñado que nuestra lucha es contra Satanás y él utilizó a Diego para completar el daño en tu vida y en la nuestra. Me dice: recuerda cómo él llamaba a Satanás y lo invitaba a entrar a su cuerpo antes de hacer lo que hacía. Vamos a perdonarlo y olvidar. Dios ha sido bueno y siempre nos has enseñado a perdonar". Comencé a llorar, abracé a mi hija y juntas oramos por Alfredo, declarando perdón y restauración. En voz alta declaramos perdón y que todas las puertas espirituales quedaban cerradas.

Días después, me llamaron de la corte y de la oficina del fiscal para decirme que Alfredo había confesado todo lo que hizo y que había expresado estar arrepentido. Luego recibí una carta en la que él nos pidió perdón. A través de una familia suya, le hice saber que lo perdonábamos y que él debía buscar a Dios.

Pudimos perdonar y vencimos las cosas que llegaron a nuestras vidas debido a este abuso, como el miedo que sentíamos al solo escuchar su nombre. Nuestros corazones fueron sanados y restaurados. Pudimos ver, una vez más, la mano de Dios obrando a nuestro favor. Perdonarme a mí misma fue la parte más difícil. Cargaba este sentimiento de culpabilidad porque sabía que había tomado una decisión fuera de la voluntad de Dios, lo que me llevó a alejarme de Él y causar heridas y traumas en mi vida.

Mis hijas siempre han expresado agradecimiento hacia mí y una gran admiración, pero yo sentía este dolor de que ellas fueron víctimas por mi culpa. Un día, ellas se sentaron junto a mí para hablar de lo bueno que ha sido Dios y recordar cuántas veces su mano nos ha protegido y levantado. Aproveché ese momento para pedirles perdón por todo el daño causado. Les expliqué lo malo que es tomar decisiones fuera de la voluntad de Dios. Nos abrazamos y oramos juntas. Dios nos restauró y gracias a Él siempre hemos sido muy unidas, poniendo a Dios en primer lugar en nuestras vidas. Todo comienza con una decisión que debemos tomar y luego llevar a la acción.

# Primer Paso Acepta tu Condición

Quisiera comenzar explicando algunos traumas que resultan del abuso físico y sexual. Algunos son:

1. Trauma emocional: sentimientos de miedo, vergüenza, culpa, ira, profunda tristeza, confusión y falta de motivación para seguir adelante.

2. Trauma psicológico: problemas de salud mental, trastorno de estrés, ansiedad, depresión e incluso trastornos de alimentación.

3. Trauma sexual: dificultad en la intimidad, rechazo hacia la intimidad con tu pareja, baja autoestima, desconfianza en los demás e incluso en uno mismo. Tu autoestima es muy baja y puede haber confusión en tu orientación sexual.

4. Trauma interpersonal: te resulta difícil establecer relaciones saludables de confianza a largo plazo. Creas un mecanismo de autodestrucción y no aprendes a establecer límites personales. Cada persona enfrenta diferentes tipos de traumas y los supera de diferentes maneras, pero todos necesitamos a Dios para sanar y ser libres. En la vida del ser humano tenemos cadenas invisibles y muchas veces solo ponemos una curita o banda para tapar la herida, sin entender

la importancia de sanar, cicatrizar y buscar la verdadera libertad que solo se alcanza a través de Jesús.

Es imposible sanar completamente si no damos el primer paso, que es aceptar nuestra condición e identificar qué fue lo que nos lastimó. Aceptar y reconocer que necesitamos ayuda es algo esencial para sanar. El perdón es una pieza clave, una decisión necesaria para cerrar capítulos y alcanzar una vida mejor. Incluso nuestra salud física mejora cuando perdonamos. La falta de perdón trae consigo consecuencias graves que afectan incluso nuestra salud. Podemos presentar problemas cardíacos, presión alta, fatiga, ansiedad y depresión. Y no solo a nivel físico, sino también a nivel espiritual, la falta de perdón nos aleja de Dios. La palabra de Dios en Mateo 6:14 dice: "Porque si perdonamos a otros sus ofensas, también nuestro Padre Celestial nos perdonará."

En Mateo 18:21-22, Pedro se acercó a Jesús y le preguntó: "Señor, ¿cuántas veces tengo que perdonar a mi hermano que peca contra mí? ¿Hasta siete veces?" Y Jesús respondió: "No te digo hasta siete veces, sino hasta setenta veces siete."

Cuando no perdonamos, incluso nuestras oraciones se ven obstaculizadas e interrumpidas. La Biblia nos enseña que antes de ofrendar, debemos resolver cualquier conflicto y si alguien tiene algo en contra de ti, ve y pídele perdón.

Así de importante y poderoso es el perdón. En ocasiones, tendrás que pedir perdón a aquellos que te ofendieron y perdonar a muchos que ni siquiera han venido a pedirlo. Pero es nuestro deber y responsabilidad perdonar para sanar y ser libres.

# Segundo Paso Identifica la Raíz de la Heridas

Debemos identificar cuáles fueron las cosas que nos lastimaron hasta el extremo, dejándonos traumas o heridas abiertas. ¿Qué sucesos marcaron nuestra vida? ¿Dónde empezó todo? ¿Quién nos lastimó? ¿Todavía tiene acceso a nosotros y controla nuestras emociones? ¿Por qué nos comportamos de esta manera (rabia, frustración, falta de amor propio, siempre a la defensiva, sobreprotector, desconfianza, gustar de estar aislados, etc.)? ¿Está nuestra personalidad ligada a un evento que dañó nuestra identidad? A lo largo de la vida y los golpes que enfrentamos, nos dejan consecuencias y muchas veces esto nos lleva a comportarnos de una manera que nos atrapa en círculos repetitivos o nos hace perder constantemente la paz, porque levantamos paredes sin siquiera darnos cuenta.

Todas estas cosas mencionadas, como la ansiedad, el enojarse fácilmente, etc., tienen su origen en malas experiencias vividas que quedan en nuestro subconsciente; por eso es necesario identificar la raíz de todo esto para poder trabajar en esas áreas que afectan nuestra vida diaria y a quienes nos rodean, sin siquiera darnos cuenta.

En mi experiencia personal, para identificar esas áreas fue necesario sentarme, reflexionar y orar. Me hice una serie de preguntas a mí misma. Por ejemplo, ¿por qué siento miedo a la oscuridad? Recordé sucesos donde por las noches, mientras todo estaba oscuro, mi padre me sacaba de mi cama y me llevaba a su cuarto para abusar de mí. Mi inocencia relacionó la oscuridad con el abuso.

Otro ejemplo:

Por años no podía comer pasteles en hoja, sentía me causaría enfermarme del estómago porque cuándo tenía como 10 años, estaba en casa de mi abuela paterna y me encantaban sus pasteles en hoja. Ese domingo me toco visita con mi papa, mi abuela nos preparé comida, yo me comí el pastel y voy a el cuarto de visita a descansar. Mi papa entra al cuarto y yo dormida me comienza a abusar sexualmente, me levante del dolor y miedo llorando y comienzo a vomitar. Obviamente pensé el pastel me hizo daño y por años no pude volverlo a comer.

Hasta que pude reflexionar y entendí había relacionado el abuso con lo que comí y por eso no podía disfrutar una comida que por años me gustaba. De esta manera lo supere hace un tiempo atrás. Busco versos en la Biblia que hablen de miedo, temor, etc. Me ayudaron mucho a vencer mis miedos y pude encontrar fortaleza en Dios y orientación para superar todo esto. Cuando el enemigo me susurra mentiras que me hacen sentir mal, ahora peleo con un verso bíblico que declara lo contrario a las mentiras de Satanás y fortalezco mi mente. La palabra de Dios es vida y verdad.

Si no identificamos el problema, no podremos erradicar lo que nos afecta y detiene. Es como ir al médico y tratar los síntomas, pero no atacar la enfermedad. Sentirás alivio temporal, pero la enfermedad volverá y cada vez más fuerte. Por ejemplo, una infección produce fiebre (uno de los síntomas más comunes). Si solo tomas algo para controlar la fiebre, pero no tomas antibióticos para la infección, esta seguirá causando daño e incluso puede propagarse afectando otras áreas.

Cuando siento ataques en mi mente, corro a orar y entrego mi vida a sus pies. Luego medito, tomo apuntes, leo la palabra de Dios y elaboro un plan para vencer y fortalecerme. Será necesario cambiar patrones de conducta o implementar nuevas rutinas. Pero vale la pena no ignorar, sino reconocer y buscar una solución.

# Paso 3 Tomar Acción y Una Decisión

Es necesario tomar acción, lo cual implica buscar toda la ayuda necesaria. No debemos minimizar el dolor ni el daño que ha sido causado. A veces evitamos buscar ayuda porque sentimos vergüenza de contar lo que nos ha sucedido o tememos ser juzgados y señalados al expresar o exponer aquello que nos ha lastimado, marcado o simplemente sentimos miedo de aceptar que hemos quedado con traumas y optamos por enfrentarlo todo solos o en silencio, tal como lo hice yo durante años. No está mal tomar la actitud de acudir primero a Dios en oración, eso es lo primero que debemos hacer, pero también es bueno buscar ayuda. Busca a alguien en quien confíes y a quien puedas expresar cómo te sientes, asegurándote de que esa persona sea madura y, sobre todo, que te ayude a levantarte, a sanar y que te acerque a Dios.

Reconoce cuáles son esas áreas vulnerables en ti y busca herramientas para poder superarlas y, sobre todo, refúgiate en Dios y en su palabra. En la Biblia, todas las personas que recibieron un milagro aceptaron que necesitaban ayuda. Ninguno negó su dolor, su frustración o su enfermedad (condición). Así como hay enfermedades del cuerpo físico, también las hay del alma y de la mente. En cada historia de la Biblia, podemos ver cómo ellos provocaron su propio milagro. Todos reconocieron su condición y la necesidad que tenían. Luego tomaron acción para provocar un milagro, una liberación, una sanidad y un cambio en sus vidas. Esto nos enseña que debemos salir de la zona de conformismo.

Sentarnos a pensar constantemente en el dolor o en la condición solo nos lleva a sentir lástima de nosotros mismos y no dejamos espacio para la sanidad y la restauración. En cambio, cuando cambiamos nuestra mentalidad de víctima y vemos las lecciones aprendidas, podemos crecer, sanar y seguir adelante siendo una bendición para los demás.

Algo que me ayudó a sanar fue entender que no fui responsable ni culpable de lo que me tocó vivir. Cada quien da lo que tiene y su actitud hacia ti es un reflejo de las luchas internas que ellos mismos están enfrentando y no han superado. Mi lucha, tu lucha, no es contra esas personas que te han herido, es contra un enemigo que todos tenemos en común, contra los demonios que han sido designados para destruir y retrasar el plan de Dios en nuestras vidas. Así que no escuches las mentiras de Satanás, entiende que eres más que vencedor/a en Cristo Jesús.

El perdón es un arma muy poderosa. Muchos utilizan la expresión "perdonar es beneficioso para ti" o "perdona por ti, no por ellos", y de cierta manera ¡es verdad! El perdón es para ti, es decir, comienza contigo. Pero al dar ese paso, aquellos que te rodean también recibirán liberación y restauración. El perdón nos brinda paz y no solo te beneficia y te libera, sino que también aquellos que te rodean reciben esa paz que puedes proyectar, y ellos también serán libres.

# El Poder del Perdon

# Pasos para Sanidad

---

Aquí tienes 6 pasos que te ayudarán en tu proceso de sanación:

1. Reconoce y admite las heridas que has experimentado. Permítete sentir las emociones asociadas con esas heridas. Esto implica ser honesto contigo mismo y confrontar las heridas emocionales, físicas o mentales que puedas haber sufrido. Al admitir estas heridas, estás reconociendo su existencia y la influencia que han tenido en tu vida. Recuerda que sanar emocionalmente lleva tiempo y paciencia. Cada persona tiene su propio tiempo de sanación y es importante respetar y honrar tu proceso individual. Recuerda que, al reconocer y admitir tus heridas, estás dando el primer paso hacia una vida más saludable y plena. No tengas miedo de buscar la ayuda que necesites y de permitirte sentir y sanar.

2. Participa en servicios de oración para conectarte con Dios y expresar tu dolor, luchas y necesidad de sanación. Comunícate honestamente y derrama tu corazón y alma ante Dios. Durante estos momentos de oración, puedes hablarle a Dios con sinceridad y abrir tu corazón ante Él. Puedes compartir tus más profundos miedos, preocupaciones y

frustraciones, permitiendo que tu fe en Dios sea una fuente de consuelo y esperanza. La oración te brinda la oportunidad de buscar la guía y la fortaleza de Dios en medio de tus dificultades. Puedes pedirle a Dios que sane tus heridas emocionales y que te brinde paz interior. Al comunicarte con Dios en oración, puedes experimentar un sentido de alivio, liberación y conexión espiritual. No temas expresar tus emociones honestamente ante Dios. Él es un Padre amoroso y comprensivo que desea escucharte y estar presente en tus momentos de necesidad. La oración es un espacio seguro donde puedes encontrar consuelo y recibir el poder sanador de Dios.

3. Libérate de cualquier amargura, resentimiento o enojo que puedas sentir hacia la persona que te lastimó. Ora para poder perdonar a quienes te lastimaron y a ti mismo(a). Entrega tu dolor y carga a Dios, confiando en su guía y sabiduría.

4. Lee y reflexiona sobre la Palabra de Dios que ofrece consuelo, esperanza y aliento. Te pueden recordar el amor de Dios, Su perdón y Su capacidad para sanar. Libertarse de cualquier amargura, resentimiento o enojo que puedas sentir hacia la persona que te lastimó es un paso esencial en tu proceso de sanación. El perdón es una parte importante de este proceso, tanto para ti como para aquellos que te han lastimado. Reconoce que el perdón no significa justificar u olvidar el dolor que has experimentado, sino liberarte de su poder sobre ti. Pídele a Dios que te ayude a sanar y a encontrar la paz en tu corazón. Entrega tu dolor y carga a Dios. Reconoce que no puedes llevarlo todo por tu cuenta y confía en la guía y sabiduría de Dios. Permítele tomar el

control y confía en que Él tiene un plan de sanación para ti. Recuerda que Dios es un refugio seguro y tiene el poder para transformar tu dolor en algo hermoso.

5. Busca apoyo en un grupo de fe: Rodéate de personas que te den apoyo o líderes espirituales que compartan tus creencias. Asiste a servicios cristianos, conéctate con otros y busca su apoyo, orientación y oraciones en tu proceso de sanación. También es importante buscar líderes espirituales que puedan guiarte y brindarte orientación en tu proceso de sanación. El estar rodeado de personas que comparten tu fe puede proporcionarte un espacio seguro donde podrás compartir tus experiencias y recibir oraciones y consejos. Recuerda que no estás solo y que hay personas dispuestas a acompañarte en tu camino hacia la sanación.

6. Practica el autocuidado: Cuida tu bienestar físico, emocional y mental. Participa en actividades que te den alegría, practica la autocompasión y busca ayuda profesional si es necesario. Confía en que Dios desea que experimentes sanación y vivas una vida plena.

-Identifica las actividades que disfrutas y que te ayudan a relajarte. Puede ser leer, hacer ejercicio, practicar alguna afición o pasar tiempo en la naturaleza. Dedica tiempo regularmente a hacer estas actividades y prioriza tu felicidad.

- Sé amable contigo mismo/a y permítete sentir y procesar tus emociones. Reconoce que es normal tener altibajos emocionales y date permiso para cuidarte y sanar. Trátate a ti mismo/a con amor y compasión en todo momento.

- Busca ayuda profesional cristiana si es necesario Si sientes que tus heridas son demasiado profundas o te encuentras en un estado emocional difícil de manejar, considera buscar ayuda de un profesional de la salud mental que sea cristiano, podrá brindarte las herramientas y el apoyo necesarios para tu proceso de sanación.

- Confía en que Dios desea que experimentes sanación: Ten fe en que Dios está contigo en tu camino de sanación. Confía en que Él desea verte experimentar paz, tranquilidad y plenitud en tu vida. Busca apoyo espiritual en tu relación con Dios a través de la oración y la lectura de la Biblia.

Recuerda que cada persona es única y su proceso de sanación puede ser diferente. No te compares con los demás. Permítete tiempo, paciencia y amor para sanar y vivir una vida plena con la guía de Dios.

¿Qué es el perdón según la palabra de Dios?

El perdón es como perdonar una deuda. Jesús, siendo Santo y Perfecto, dio su vida en la cruz para perdonar nuestra deuda, nuestros pecados, y a través de ese sacrificio de amor y entrega voluntaria, recibimos restauración y vida eterna. Jesús nos pide que, así como Él nos perdonó nuestras deudas, también perdonemos a quienes nos ofenden. Incluso, nos dice que amemos a nuestros enemigos.

# El Poder del Perdon

Lucas 7:47 dice: "Por lo cual te digo que sus muchos pecados le son perdonados, porque amó mucho; pero al que poco se le perdona, poco ama".

El perdón está basado en ese amor incondicional que Dios nos ha mostrado. Sin merecerlo y a pesar de fallarle diariamente, Él envió a su Hijo amado para no solo entregar su vida, sino también para sufrir cada aflicción que nosotros enfrentamos. Jesús pasó por todo dolor y angustia como humano sin merecerlo. Ahora bien, tú y yo merecemos muchas cosas porque no somos perfectos. Jesús no lo merecía, pero lo hizo para dejarnos el mayor ejemplo de perdón y la mayor muestra de amor. Así como Dios nos perdona, debemos perdonar y amar. ¿Acaso somos a su imagen y semejanza solo para lo bueno?

También lo somos para amar como Él ama y perdonar como Él lo hizo y hace a diario.

"Porque si perdonáis a los hombres sus ofensas, os perdonará también a vosotros vuestro Padre celestial; más si no perdonáis a los hombres sus ofensas, tampoco vuestro Padre os perdonará vuestras ofensas" (Mateo 6:14–15).

Mateo 18:21-35

El perdón restaura nuestra vida, restaura relaciones rotas. Trae unidad, paz y comprensión. Es una manera de dar por gracia lo que por gracia hemos recibido. El perdón es como un puente, abre camino hacia el amor.

# El Poder del Perdon

Hay diferentes maneras de perdonar:

1. El perdón que recibimos cuando ofendemos a alguien y vamos a pedir perdón y esa persona nos otorga el perdón.

2. El perdón que nosotros vamos y pedimos a esa persona que nosotros ofendimos o lastimamos. Esa decisión que tomamos de ir y aceptar nuestra culpa y pedir perdón.

3. El perdón que nos entregamos a nosotros mismos porque también nosotros nos hacemos daño tomando malas decisiones o poniéndonos en situaciones que nos llevan a ser lastimados o traicionados. O nos debemos perdonar por lastimar a nuestros seres amados como los hijos, porque quizás los expusiste a dolor y traumas. A veces nos alejamos de Dios y pecamos, y es necesario perdonarnos a nosotros mismos.

4. El perdón que soltamos, que damos a esas personas que nos lastimaron, pero por alguna razón nunca han aceptado su error, su falta o nunca han venido a pedirte perdón. Pero, aun así, decidir perdonar es un acto de amor que nos asemeja a Dios. Perdonar no significa tener que volver a aceptar completamente a esas personas en tu vida. Perdonar es ser libre y dejar en libertad al ofensor. Algo que entendí es que cuando era niña o cuando estuve en situaciones en las que no podía defenderme, no fue mi culpa ni mi responsabilidad. Aquellos que debieron protegerme me fallaron. Pero ahora, siendo mayor y teniendo más control sobre mi vida, sí tengo control. Yo decido qué acepto en mi vida y a quién abro mi corazón y a quién le doy acceso. Por lo tanto, perdono y amo,

pero no permito que se repita lo mismo que una vez marcó mi vida.

Ahora bien, ¿cómo sé si he perdonado? Aquí hay algunas señales que he identificado en mi vida personal:

- No juzgas a la persona que te lastimó.

- No buscas el porqué de esto o aquello.

- Puedes orar por ellos sin mencionar el daño que te causaron.

- Al orar, pides por su restauración y misericordia.

- No buscas venganza.

- Te enfocas en las cualidades buenas de esa persona.

- No les deseas mal en su vida.

- Al hablar de lo ocurrido, puedes dar gracias a Dios porque, a pesar de todo, Él te cuidó y reconoces que Dios siempre ha estado a tu lado.

¿Por qué es importante perdonar a los demás?

Guardar rencores y aferrarse al resentimiento puede dañar negativamente nuestro bienestar emocional. El perdón nos permite soltar emociones negativas como la ira, el odio y el rencor, lo cual puede llevar a una mayor paz interior y felicidad.

La investigación demuestra que el perdón es un camino hacia mejores resultados en la salud mental. Cuando perdonamos, disminuimos los niveles de estrés, ansiedad y depresión. También puede mejorar nuestra autoestima y bienestar psicológico en general.

El perdón juega un papel fundamental para mantener y reparar relaciones. Los problemas son inevitables, pero el perdón nos permite avanzar, reconstruir la confianza y fomentar conexiones más saludables con los demás. Ayuda a crear un ambiente de comprensión, empatía y reconciliación.

El perdón es un signo de crecimiento personal y fortaleza. Requiere la capacidad de dejar ir heridas pasadas, aprender de situaciones anteriores y elegir seguir adelante con una mentalidad positiva. Nos permite desarrollar flexibilidad y resistencia frente a la adversidad.

El perdón es un proceso transformador que no solo nos beneficia individualmente, sino que también tiene un impacto positivo en nuestras relaciones y calidad de vida en general.

La sanación nos permite restaurar nuestro bienestar, encontrar cierre y avanzar en la vida con un sentido de paz y sanación. Es importante comprender que la sanación es un viaje personal y puede llevar tiempo, pero es esencial para nuestro propio bienestar emocional y mental.

# Jesús Nos Enseña a Perdonar

La historia más hermosa y poderosa es la vida de Jesús. A través de Él aprendemos a perdonar y amar incluso a aquellos que nos lastimaron. Jesús fue traicionado por uno de sus discípulos. Fue negado y muchos de los que estaban cerca de él no creían en su misión. Experimentó todo en carne propia, siendo Dios se hizo hombre para que nosotros, siendo pecadores merecedores de un castigo eterno, recibamos perdón y vida eterna.

La muerte de Jesús en la cruz fue un sacrificio hecho para perdonar los pecados de la humanidad. El pecado separa a la humanidad de Dios. Se considera como una desobediencia a la voluntad de Dios y es la raíz de la decepción y la separación espiritual del pecado. Debido a las consecuencias del pecado, la humanidad necesita el perdón para reconciliarse con Dios. El perdón de los pecados se ve como una forma de restaurar la relación rota entre Dios y la humanidad.

Jesús es el Hijo de Dios que voluntariamente tomó forma humana. Su muerte en la cruz es vista como una expresión del amor y la misericordia de Dios. La muerte de Jesús pagó el precio por los pecados de la humanidad, ofreciendo redención y perdón a todos los que creen en Él. Jesús, siendo inocente y sin pecado, cargó con el castigo del pecado para satisfacer la justicia de Dios. Al aceptar el sacrificio de Jesús, los creyentes reciben perdón y son declarados justos ante Dios. La resurrección de Jesús de entre los muertos muestra su victoria sobre el pecado y la muerte. Ofrece esperanza a los creyentes de que no solo son perdonados, sino que también tienen la promesa de vida eterna a través de la fe en Jesús. Jesús nos ha dado un gran ejemplo de cómo debemos amar y perdonar.

# Rodeate de Quien te Lleve a El Milagro

En Mateo 9:1-8, sucedió un día en que Jesús estaba enseñando y los fariseos y doctores de la ley estaban sentados, habiendo venido de todas las aldeas de Galilea, Judea y Jerusalén. El poder del Señor estaba con él para sanar. 18 en ese momento, unos hombres trajeron en una camilla a un hombre paralítico y trataron de llevarlo adentro y ponerlo frente a Jesús. 19 sin embargo, al no encontrar la manera de hacerlo debido a la multitud, subieron por la casa y por el techo lo bajaron en la camilla, poniéndolo en medio, frente a Jesús. 20 cuando Jesús vio la fe de aquellos hombres, les dijo al paralítico: "Hombre, tus pecados te son perdonados". 21 entonces los escribas y los fariseos comenzaron a pensar en sus corazones, diciendo: "¿Quién es éste que habla blasfemias? ¿Quién puede perdonar pecados sino solo Dios?". 22 Jesús, conociendo los pensamientos de ellos, les respondió: "¿Por qué piensan mal en sus corazones? 23 ¿Qué es más fácil, decir: 'Tus pecados te son perdonados', o decir: 'Levántate y camina'? 24 para que sepan que el Hijo del Hombre tiene autoridad en la tierra para perdonar pecados, le dijo al paralítico: 'Levántate, toma tu camilla y vete a tu casa'". 25 al instante, el paralítico se levantó en presencia de todos, tomó la camilla en la que había estado acostado y se fue a su casa, glorificando a Dios. 26 todos los presentes quedaron asombrados y glorificaron a Dios, llenos de temor, diciendo: "Hoy hemos presenciado maravillas".

\En esta historia vemos a un paralítico que supo elegir buenos amigos, quienes lo empujaron a recibir su milagro. Ellos ignoraron su condición e hicieron lo imposible para llevarlo a donde Jesús. Yo quiero ser como esos amigos, ser instrumento para que muchos vean más allá del pronóstico de la situación. Quiero ser quien levante las manos caídas y ayude a caminar a aquellos que no tienen fuerzas. Muchas veces Dios nos sana y nos quedamos con eso para nosotros mismos, pero estamos llamados a dar de gracia lo que Dios nos ha dado por su gracia y misericordia.

Las heridas en nuestra vida son para ser utilizadas como un testimonio de que Dios restaura y sana. Todos tenemos una historia que compartir y podemos ser de ayuda para otros. Las personas espirituales pueden ofrecer la mejor guía y apoyo en el proceso de perdón y sanación de heridas pasadas por varias razones. Suelen tener una comprensión más profunda de la naturaleza humana, compasión y el poder del perdón. Pueden proporcionar ideas sabias y una perspectiva más amplia sobre la situación, ayudándote a superar el dolor y encontrar un camino hacia la sanación.

Pueden compartir su fe y creencias sagradas, lo cual puede brindar consuelo y esperanza en tiempos difíciles. Pueden ayudarte a conectarte con Dios, encontrarlo a través de la oración, el ayuno y la lectura de Su palabra, fortaleciendo así tu vida espiritual.

Además, pueden ofrecer una presencia compasiva, escucharte atentamente y brindarte orientación para ayudarte en el proceso de sanación. El perdón puede ser un proceso difícil, pero las personas espirituales pueden tener un conocimiento de prácticas de perdón arraigadas en sus enseñanzas. Pueden ofrecerte técnicas y oraciones que te ayuden a perdonar, permitiéndote dejar atrás el resentimiento y encontrar paz interior. Recuerda que, aunque hay personas que pueden proporcionar un valioso apoyo, la sanación es un camino personal y es importante encontrar el enfoque y apoyo que resuenen contigo. Sobre todo, busca la dirección de Dios.

# José Perdono sus Hermano

En Génesis 50:14, vemos la historia de un joven que fue traicionado y vendido por sus hermanos. Sin embargo, después de vivir varios procesos, Dios lo colocó en una posición elevada y años más tarde fue utilizado para ayudar a sus hermanos. José perdonó y no solo perdonó, sino que extendió su mano y demostró misericordia y amor.

**José perdona a sus hermanos:**
Después de sepultar a Jacob, José regresó a Egipto junto con sus hermanos y todos los que lo habían acompañado al entierro de su padre.

Pero ahora que su padre había fallecido, los hermanos de José temían y se decían: "Ahora José mostrará su enojo y se vengará de todo el mal que le hicimos". Entonces enviaron un mensaje a José que decía: "Antes de morir, tu padre nos ordenó decirte: 'Te ruego que perdones a tus hermanos por el mal que te hicieron'. Así que te suplicamos, como siervos del Dios de tu padre, que nos perdones".
Cuando José recibió el mensaje, no pudo contener las lágrimas.

Entonces sus hermanos llegaron y se postraron ante él diciendo:

-Mira, somos tus siervos.

**Pero José les respondió:**

-No teman. ¿Acaso soy yo Dios que castiga?

Ustedes pensaron hacerme mal, pero Dios lo convirtió en bien para lograr lo que hoy estamos presenciando, salvar la vida de muchas personas.

No teman. Yo los cuidaré a ustedes y a sus hijos.

Así los consoló con palabras llenas de amabilidad y ternura.

**Muerte de José:**

José y sus hermanos, junto con sus familias, continuaron viviendo en Egipto. José vivió hasta los ciento diez años.

Vio a tres generaciones de descendientes de Efraín, hijo de Manasés, y vivió lo suficiente como para ver nacer a los hijos de Maquir, hijo de Manasés, a quienes consideró como propios.

José les dijo a sus hermanos: "Pronto moriré, pero Dios seguramente los traerá de regreso a la tierra que prometió solemnemente dar a Abraham, Isaac y Jacob".

Luego hizo jurar a los hijos de Israel, diciéndoles: "Cuando Dios los visite y los lleve de regreso, lleven mis huesos con ustedes". José murió a la edad de ciento diez años, y los egipcios lo embalsamaron y lo colocaron en un sarcófago en Egipto. José era uno de los doce hijos de Jacob y gozaba del favor de su padre. Por celos, sus hermanos lo vendieron como esclavo a una caravana de ismaelitas.

José fue llevado a Egipto y vendido como esclavo a Potifar, un oficial egipcio. Trabajó como esclavo en la casa de Potifar, pero fue falsamente acusado de intento de violación por la esposa de Potifar, lo que resultó en su encarcelamiento.

Incluso estando en prisión, José mantuvo su integridad e interpretó los sueños de sus compañeros de celda. Eventualmente, su don para interpretar sueños llegó a oídos de Faraón, el gobernante de Egipto. José interpretó acertadamente los sueños de Faraón sobre una próxima hambruna, lo que llevó a su nombramiento como segundo al mando de Egipto.

Durante la hambruna, los hermanos de José fueron a Egipto en busca de alimento. José los reconoció, pero fingió no conocerlos al principio. Puso a prueba su carácter y les hizo traer a su hermano menor, Benjamín, a Egipto.

El camino hacia el perdón de José para sus hermanos se encuentra en el libro de Génesis, en los capítulos 42-45. Muchos años después de haber sido vendido como esclavo por sus hermanos, José se convirtió en un poderoso líder en Egipto. Sus hermanos, sin saber su verdadera identidad, vinieron a Egipto en busca de alimentos durante una hambruna. José los reconoció, pero no reveló su identidad de inmediato. Para evaluar si sus hermanos habían cambiado, José los sometió a diversas pruebas. Los acusó de ser espías y los encarceló durante tres días. Esta fue la prueba más importante para evaluar su carácter y ver si sentían un profundo remordimiento por sus acciones pasadas.

Mientras mantenía oculta su verdadera identidad, José se conmovió profundamente cuando sus hermanos expresaron arrepentimiento por sus acciones pasadas y reconocieron su error. Lloró y finalmente les reveló su identidad, mostrando compasión y perdonándolos.

José aseguró a sus hermanos que los había perdonado y los animó a no sentirse molestos ni enojados consigo mismos por haberlo vendido como esclavo. Explicó que Dios tenía un propósito en todo lo que había sucedido, convirtiendo un evento doloroso en un plan mayor para el bien de muchas personas. Hay situaciones en las que Dios nos sacará por completo y al perdonar podremos simplemente continuar sin tener que enfrentar esa situación o a esa persona nunca más. Pero hay otras en las que, como José, nos veremos frente a quienes, en un momento, nos afligieron, lastimaron o traicionaron. Justo en ese momento, seremos probados en muchas áreas y será nuestra decisión mostrar el amor de Dios a través de cómo tratamos a esas personas o seguir presos con cadenas invisibles.

No es algo fácil de hacer, pero es poderoso y te trae paz. Yo he podido amar tan libremente, aprendí a ser honesta y transparente al perdonar genuinamente.

He podido sentir esa paz que sobrepasa todo entendimiento, esa paz que va más allá de cualquier situación a nuestro alrededor. Dios ha sido bueno y por siempre lo será. Su misericordia me alcanzó. Hoy puedo testificar libre y confiadamente diciéndote que Dios sana toda herida. Él restaura y su presencia está contigo en todo momento. Él me ha bendecido con hijas hermosas, los hijos de mi esposo que han sido de gran bendición. Estoy casada con Tony Mejía, un gran hombre de Dios que llegó a mi vida cuando menos lo imaginé. Juntos caminamos en este ministerio y hemos podido llevar un mensaje de esperanza y restauración.

El Poder del Perdon

**Si así lo deseas te invito a hacer esta oración;**

Amantísimo Padre Celestial, en este momento vengo ante tu presencia humilde. Reconozco que necesito tu ayuda y que sanes mi corazón. Deseo ser liberado/a de todo resentimiento y del dolor que he llevado por las acciones de aquellos que me han lastimado. Reconozco que el perdón es un regalo que me has dado y, de la misma manera, quiero otorgarlo a quienes me han herido de alguna manera. Hoy decido perdonar a cada uno de ellos y también pido perdón por mis ofensas. Te ruego que desates cualquier vínculo negativo que me haya mantenido atado/a a ellos.

Que el perdón nos brinde paz y liberación, y nos permita seguir adelante reflejando tu amor, bondad y compasión.
En el nombre de Jesús, te lo pido. Amén.